J'APPRENDS ET J'ÉCRIS AVEC LES IMAGES

les lettres et les mots

Aa

une antilope

Zz

un zèbre

a - b - c - d

e - f - g - h

i - j - k - l - m

n - o - p - q

r - s - t - u - v

w - x - y - z

Aa

une antilope

un arbre

Bb

un ballon

un bonhomme de neige

Cc

un clown

un cadeau

Dd

un dauphin

un diamant

Ee

un escargot

un éléphant

Ff

une fraise

un flamand rose

Gg

une girafe

une grenouille

Hh

un hippopotame

un hérisson

Ii

un iguane

Identique

Jj

un jaguar

des jumelles

Kk

des kiwis

un kangourou

Ll

un lion

une lampe

Mm

un manchot

des maracas

Nn

un nid

la nuit

Oo

une orange

un ours

Pp

un parapluie

un perroquet

Qq

des quilles

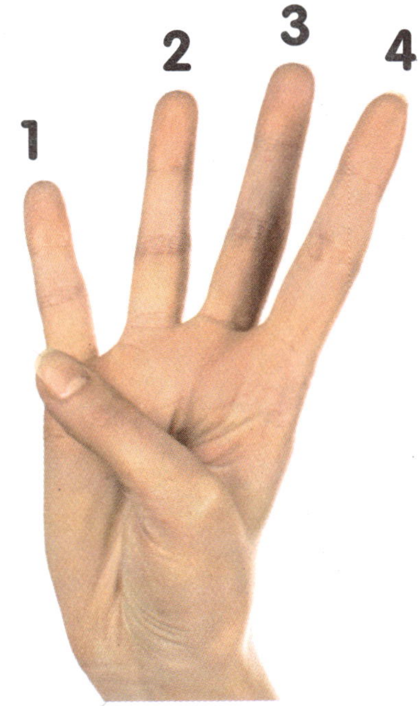

Quatre

Rr

du raisin

un robot

Ss

un singe

une sauterelle

Tt

une tortue

une télévision

Uu

un unau

l'univers

Vv

un vautour

une vache

Ww

un wagon

un wapiti

Xx

un xiphophore

un xylophone

Yy

un yacht

du yaourt

Zz

le zeste (d'une orange)

un zèbre

A a

B b

C c

D d

E e

F f

G g

H h

I i

J j

K k

L l

M m

N n

O o

P p

Q q

R r

S s

T t

U u

V v

W w

X x

Y y

Z z

Entoure la première lettre du nom de chaque image.

O	Y	L

Q	B	N

T	Y	B

N	P	O

T	M	N

A

un âne

B

une baleine

Ecris les lettres en suivant le sens des flèches.

A		A	A	A
		A	A	A
A	A	A	A	A
A	A	A	A	A
A	A	A	A	A

B		B	B	B
		B	B	B
B	B	B	B	B
B	B	B	B	B
B	B	B	B	B

a		a	a	a
		a	a	a
a	a	a	a	a
a	a	a	a	a
a	a	a	a	a

b		b	b	b
		b	b	b
b	b	b	b	b
b	b	b	b	b
b	b	b	b	b

C

un crocodile

D

Deux

C		C	C	C
		C	C	C
C	C	C	C	C
C	C	C	C	C
C	C	C	C	C

D		D	D	D
		D	D	D
D	D	D	D	D
D	D	D	D	D
D	D	D	D	D

c		c	c	c
		c	c	c
c	c	c	c	c
c	c	c	c	c
c	c	c	c	c

d		d	d	d
		d	d	d
d	d	d	d	d
d	d	d	d	d
d	d	d	d	d

E

un épouvantail

F

du fromage

1 2 3 4	E	E	E
	E	E	E

E	E	E	E	E
E	E	E	E	E
E	E	E	E	E

1 2 3	F	F	F
	F	F	F

F	F	F	F	F
F	F	F	F	F
F	F	F	F	F

1	e	e	e
	e	e	e

e	e	e	e	e
e	e	e	e	e
e	e	e	e	e

1 2	f	f	f
	f	f	f

f	f	f	f	f
f	f	f	f	f
f	f	f	f	f

G

un gâteau

H

un hibou

G		G	G	G
		G	G	G
G	G	G	G	G
G	G	G	G	G
G	G	G	G	G

H		H	H	H
		H	H	H
H	H	H	H	H
H	H	H	H	H
H	H	H	H	H

g		g	g	g
		g	g	g
g	g	g	g	g
g	g	g	g	g
g	g	g	g	g

h		h	h	h
		h	h	h
h	h	h	h	h
h	h	h	h	h
h	h	h	h	h

I

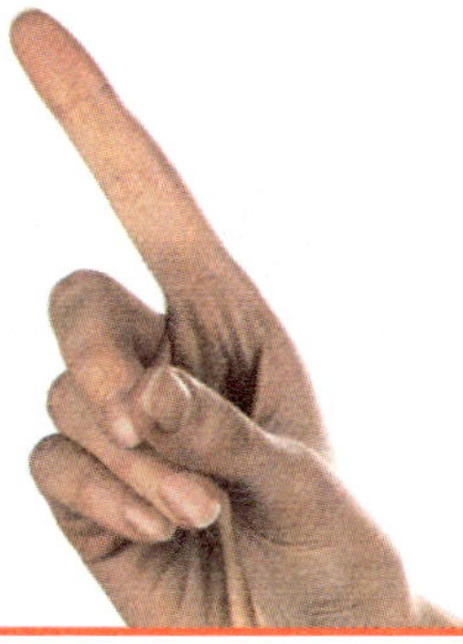

un index

J

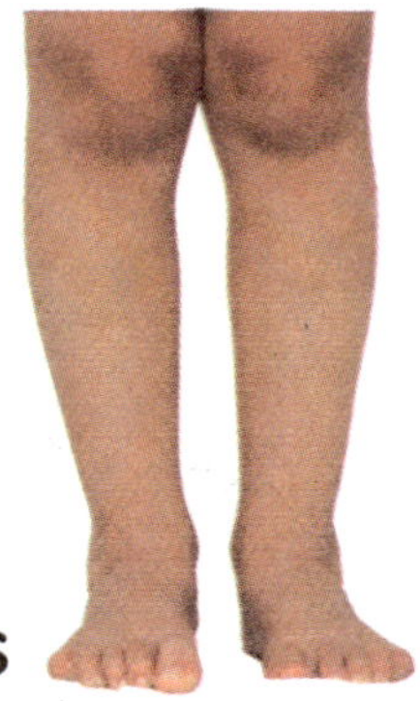

des jambes

K

un kayak

L

une libellule

K		K	K	K
		K	K	K
K	K	K	K	K
K	K	K	K	K
K	K	K	K	K

L		L	L	L
		L	L	L
L	L	L	L	L
L	L	L	L	L
L	L	L	L	L

k		k	k	k
		k	k	k
k	k	k	k	k
k	k	k	k	k
k	k	k	k	k

l		l	l	l
		l	l	l
l	l	l	l	l
l	l	l	l	l
l	l	l	l	l

M

une moto

M M M M M M

M M M M M

M M M M M

M M M M M

m m m m m m

m m m m m

m m m m m

m m m m m

N

un nounours

N N N N N N

N N N N N

N N N N N

N N N N N

n n n n n n

n n n n n

n n n n n

n n n n n

O

un ordinateur

P

une pomme

O		O	O	O
		O	O	O
O	O	O	O	O
O	O	O	O	O
O	O	O	O	O

P		P	P	P
		P	P	P
P	P	P	P	P
P	P	P	P	P
P	P	P	P	P

o		o	o	o
		o	o	o
o	o	o	o	o
o	o	o	o	o
o	o	o	o	o

p		p	p	p
		p	p	p
p	p	p	p	p
p	p	p	p	p
p	p	p	p	p

Q

la queue

R

une radio

S

le soleil

T

une tente

S		S	S	S
		S	S	S
S	S	S	S	S
S	S	S	S	S
S	S	S	S	S

T		T	T	T
		T	T	T
T	T	T	T	T
T	T	T	T	T
T	T	T	T	T

s		s	s	s
		s	s	s
s	s	s	s	s
s	s	s	s	s
s	s	s	s	s

t		t	t	t
		t	t	t
t	t	t	t	t
t	t	t	t	t
t	t	t	t	t

U

un U.L.M. (ultra léger motorisé)

U	U	U	U
	U	U	U

U	U	U	U	U
U	U	U	U	U
U	U	U	U	U

u	u	u	u
	u	u	u

u	u	u	u	u
u	u	u	u	u
u	u	u	u	u

V

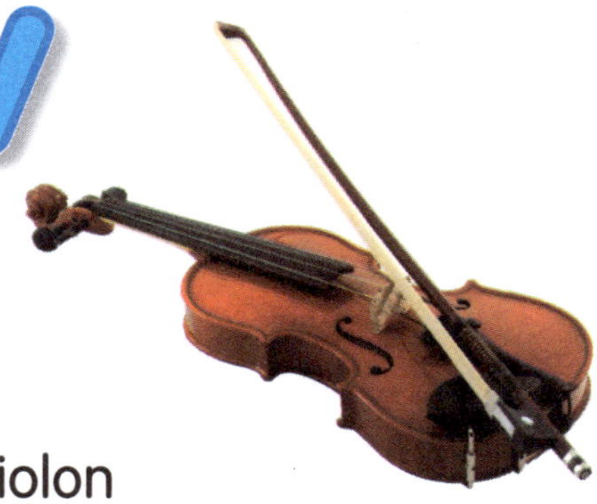

un violon

V	V	V	V
	V	V	V

V	V	V	V	V
V	V	V	V	V
V	V	V	V	V

v	v	v	v
	v	v	v

v	v	v	v	v
v	v	v	v	v
v	v	v	v	v

W

le waterpolo

X

un xylophone

Y

un yak

Y	Y	Y	Y	Y
		Y	Y	Y
Y	Y	Y	Y	Y
Y	Y	Y	Y	Y
Y	Y	Y	Y	Y

y	y	y	y	y
		y	y	y
y	y	y	y	y
y	y	y	y	y
y	y	y	y	y

Z

un zèbre

Z	Z	Z	Z	Z
		Z	Z	Z
Z	Z	Z	Z	Z
Z	Z	Z	Z	Z
Z	Z	Z	Z	Z

z	z	z	z	z
		z	z	z
z	z	z	z	z
z	z	z	z	z
z	z	z	z	z

Ecris la première lettre de chaque image.

Relie chaque image à la lettre par laquelle commence son nom.

A

D

S

Z

L

K

J

P

N

T

Complète l'alphabet en écrivant les lettres absentes.

A B ___ D

___ F G ___

I J K L

___ N ___ P

Q R ___ T

U V ___ X

___ Z

Ecris les lettres en minuscule.

A		G	
B		H	
C		I	
D		J	
E		K	
F		L	

Ecris les lettres en majuscule.

m

n

o

p

q

r

s

t

u

v

w

x

y

z

J'APPRENDS ET J'ÉCRIS AVEC LES IMAGES

les nombres de 1 à 100

1

Un

Un chien

100

Cent

Cent bananes

1 - 2 - 3 - 4 - 5 - 6 - 7

8 - 9 - 10 - 11 - 12 - 13

14 - 15 - 16 - 17 - 18 - 19

20 - 21 - 22 - 23 - 24

25 - 26 - 27 - 28 - 29

30 - 31 - 32 - 33 - 34

35 - 36 - 37 - 38 - 39

40 - 41 - 42 - 43 - 44

45 - 46 - 47 - 48 - 49

50

1

Un

Un chien

2

Deux

Deux lapins

3

Trois

Trois fleurs

4

Quatre

Quatre
cubes

5

Cinq

Cinq
poupées

6

Six

Six
voitures

7

Sept

Sept
ballons

8

Huit

Huit
canetons

9

Neuf

Neuf
avions

10

Dix

Dix cadeaux

11

Onze

Onze oiseaux

12

Douze

Douze igloos

13

Treize

Treize
quilles

14

Quatorze

Quatorze
sucettes

15

Quinze

Quinze
oursons
en peluche

16

Seize

Seize boules de Noël

17

Dix-sept

Dix-sept papillons

18

Dix-huit

Dix-huit pinces à linge

19

Dix-neuf

Dix-neuf pions

20

Vingt

Vingt cloches

21

Vingt et un

Vingt et un coussins

Vingt-deux poubelles

22

Vingt-deux

Vingt-trois tranches de pastèque

23

Vingt-trois

Vingt-quatre seaux

24

Vingt-quatre

25

Vingt-cinq

Vingt-cinq oranges

26

Vingt-six

Vingt-six poivrons

27

Vingt-sept

Vingt-sept fraises

Vingt-huit billes

28

Vingt-huit

Vingt-neuf poissons rouges

29

Vingt-neuf

Trente mangues

30

Trente

Trente et un petits gâteaux

31

Trente et un

Trente-deux canards en plastique

32

Trente-deux

Trente-trois cerises

33

Trente-trois

34

Trente-quatre

Trente-quatre patates douces

35

Trente-cinq

Trente-cinq glaces

36

Trente-six

Trente-six champignons

37

Trente-sept

Trente-sept dés

38

Trente-huit

Trente-huit poires

39

Trente-neuf

Trente-neuf gombos

Quarante étoiles

40

Quarante

Quarante et une pommes de terre

41

Quarante et un

Quarante-deux biscuits

42

Quarante-deux

43

Quarante-trois

Quarante-trois tournesols

44

Quarante-quatre

Quarante-quatre olives

45

Quarante-cinq

Quarante-cinq jouets

46

Quarante-six

Quarante-six pêches

47

Quarante-sept

Quarante-sept tomates

48

Quarante-huit

Quarante-huit citrons

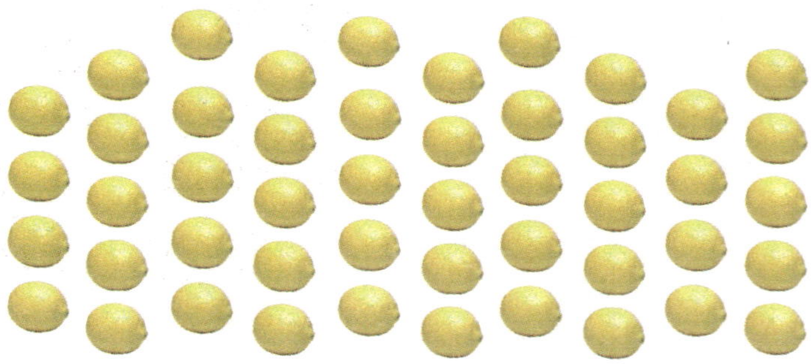

49

Quarante-neuf

Quarante-neuf petits pois

50

Cinquante

Cinquante bananes

1 Un

2 Deux

3 Trois

4 Quatre

5 Cinq

6 Six

7 Sept

8 Huit

9 Neuf

10 Dix

11 Onze

12 Douze

13	Treize			13	13			
13	13	13	13	13	13			

14	Quatorze			14	14			
14	14	14	14	14	14			

15	Quinze			15	15			
15	15	15	15	15	15			

16	Seize			16	16			
16	16	16	16	16	16			

17	Dix-sept			17	17			
17	17	17	17	17	17			

18	Dix-huit			18	18			
18	18	18	18	18	18			

19	Dix-neuf			19	19			
19	19	19	19	19	19			

20	Vingt			20	20			
20	20	20	20	20	20			

21	Vingt et un			21	21			
21	21	21	21	21	21			

22	Vingt-deux			22	22			
22	22	22	22	22	22			

23	Vingt-trois			23	23			
23	23	23	23	23	23			

24	Vingt-quatre			24	24			
24	24	24	24	24	24			

25			**Vingt-cinq**	25	25			
25	25	25	25	25	25			
26			**Vingt-six**	26	26			
26	26	26	26	26	26			
27			**Vingt-sept**	27	27			
27	27	27	27	27	27			
28			**Vingt-huit**	28	28			
28	28	28	28	28	28			
29			**Vingt-neuf**	29	29			
29	29	29	29	29	29			
30			**Trente**	30	30			
30	30	30	30	30	30			

31 trente et un

32 trente-deux

33 trente-trois

34 trente-quatre

35 trente-cinq

36 trente-six

37 trente-sept				37	37			
37	37	37	37	37	37			

38 trente-huit				38	38			
38	38	38	38	38	38			

39 trente-neuf				39	39			
39	39	39	39	39	39			

40 Quarante				40	40			
40	40	40	40	40	40			

41 Quarante et un				41	41			
41	41	41	41	41	41			

42 Quarante-deux				42	42			
42	42	42	42	42	42			

43 Quarante-trois				43	43			
43	43	43	43	43	43			

44 Quarante-quatre				44	44			
44	44	44	44	44	44			

45 Quarante-cinq				45	45			
45	45	45	45	45	45			

46 Quarante-six				46	46			
46	46	46	46	46	46			

47 Quarante-sept				47	47			
47	47	47	47	47	47			

48 Quarante-huit				48	48			
48	48	48	48	48	48			

49 Quarante-neuf				49	49			
49	49	49	49	49	49			

50 Cinquante				50	50			
50	50	50	50	50	50			

51 Cinquante et un				51	51			
51	51	51	51	51	51			

52 Cinquante-deux				52	52			
52	52	52	52	52	52			

53 Cinquante-trois				53	53			
53	53	53	53	53	53			

54 Cinquante-quatre				54	54			
54	54	54	54	54	54			

55	Cinquante-cinq			55	55				
55	55	55	55	55	55				
56	Cinquante-six			56	56				
56	56	56	56	56	56				
57	Cinquante-sept			57	57				
57	57	57	57	57	57				
58	Cinquante-huit			58	58				
58	58	58	58	58	58				
59	Cinquante-neuf			59	59				
59	59	59	59	59	59				
60	Soixante			60	60				
60	60	60	60	60	60				

61	Soixante et un			61	61			
61	61	61	61	61	61			

62	Soixante-deux			62	62			
62	62	62	62	62	62			

63	Soixante-trois			63	63			
63	63	63	63	63	63			

64	Soixante-quatre			64	64			
64	64	64	64	64	64			

65	Soixante-cinq			65	65			
65	65	65	65	65	65			

66	Soixante-six			66	66			
66	66	66	66	66	66			

67 Soixante-sept	67	67			
67 67 67 67	67	67			

68 Soixante-huit	68	68			
68 68 68 68	68	68			

69 Soixante-neuf	69	69			
69 69 69 69	69	69			

70 Soixante-dix	70	70			
70 70 70 70	70	70			

71 Soixante et onze	71	71			
71 71 71 71	71	71			

72 Soixante-douze	72	72			
72 72 72 72	72	72			

73 Soixante-treize				73	73			
73	73	73	73	73	73			

74 Soixante-quatorze				74	74			
74	74	74	74	74	74			

75 Soixante-quinze				75	75			
75	75	75	75	75	75			

76 Soixante-seize				76	76			
76	76	76	76	76	76			

77 Soixante-dix-sept				77	77			
77	77	77	77	77	77			

78 Soixante-dix-huit				78	78			
78	78	78	78	78	78			

79 Soixante-dix-neuf				79	79			
79	79	79	79	79	79			

80	Quatre-vingts			80	80				
80	80	80	80	80	80				
81	Quatre-vingt-un			81	81				
81	81	81	81	81	81				
82	Quatre-vingt-deux			82	82				
82	82	82	82	82	82				
83	Quatre-vingt-trois			83	83				
83	83	83	83	83	83				
84	Quatre-vingt-quatre			84	84				
84	84	84	84	84	84				
85	Quatre-vingt-cinq			85	85				
85	85	85	85	85	85				
86	Quatre-vingt-six			86	86				
86	86	86	86	86	86				

87 Quatre-vingt-sept				87	87			
87	87	87	87	87	87			
88 Quatre-vingt-huit				88	88			
88	88	88	88	88	88			
89 Quatre-vingt-neuf				89	89			
89	89	89	89	89	89			
90 Quatre-vingt-dix				90	90			
90	90	90	90	90	90			
91 Quatre-vingt-onze				91	91			
91	91	91	91	91	91			
92 Quatre-vingt-douze				92	92			
92	92	92	92	92	92			
93 Quatre-vingt-treize				93	93			
93	93	93	93	93	93			

94 Quatre-vingt-quatorze				94	94			
94	94	94	94	94	94			
95 Quatre-vingt-quinze				95	95			
95	95	95	95	95	95			
96 Quatre-vingt-seize				96	96			
96	96	96	96	96	96			
97 Quatre-vingt-dix-sept				97	97			
97	97	97	97	97	97			
98 Quatre-vingt-dix-huit				98	98			
98	98	98	98	98	98			
99 Quatre-vingt-dix-neuf				99	99			
99	99	99	99	99	99			
100 Cent				100	100			
100	100	100	100	100	100			

Ecris les nombres en suivant les pointillés.

8 10 22

33 47 52

60

75 85 93

51 - 52 - 53 - 54 - 55

56 - 57 - 58 - 59 - 60

61 - 62 - 63 - 64 - 65

66 - 67 - 68 - 69 - 70

71 - 72 - 73 - 74 - 75

76 - 77 - 78 - 79 - 80

81 - 82 - 83 - 84 - 85

86 - 87 - 88 - 89 - 90

91 - 92 - 93 - 94 - 95

96 - 97 - 98 - 99 - 100